Margarita Moreno

Answer Key
for Student Activities Manual

TERCERA EDICIÓN

GENTE

NIVEL BÁSICO

María José de la Fuente
Ernesto Martín Peris
Neus Sans Baulenas

PEARSON

Boston   Columbus   Indianapolis   New York   San Francisco   Upper Saddle River
Amsterdam   Cape Town   Dubai   London   Madrid   Milan   Munich   Paris   Montréal   Toronto
Delhi   Mexico City   São Paulo   Sydney   Hong Kong   Seoul   Singapore   Taipei   Tokyo

Executive Editor: Julia Caballero
Editorial Assistant: Samantha Pritchard
Senior Marketing Manager: Denise Miller
Marketing *Coordinator:* Bill Bliss
Development Editor: Marco Aponte
Development Editor for Assessment: Melissa Marolla Brown
Senior Managing Editor for Product Development: Mary Rottino
Associate Managing Editor (Production): Janice Stangel
Media Editor/Development Editor for Assessment: Meriel Martínez
Senior Media Editor: Samantha Alducin
Executive Editor, MyLanguageLabs: Bob Hemmer
Senior Manufacturing & Operations Manager, Arts & Sciences: Mary Fisher
Operations Specialist: Christina Amato
Publisher: Phil Miller
Full-Service Project Management: MPS Limited, a Macmillan Company
Composition: MPS Limited, a Macmillan Company

This book was set in 10/12 Stone Sans.

ISBN-10: 0-20-501625-1
ISBN-13: 978-0-20-501625-9

Contents

01-01
1. primer apellido
2. nombre
3. nombre
4. segundo apellido
5. primer apellido
6. segundo apellido
7. nombre
8. segundo apellido
9. no se dice

01-02
1. paisaje
2. idioma
3. respuesta
4. aburrido
5. estado

01-03
1. fácil
2. aburrido
3. verdadero
4. respuesta
5. pequeño

01-04
1. ser
2. trabajo
3. tema
4. tareas

01-05
1. clase de lengua
2. número
3. clase de lengua
4. geografía
5. geografía
6. clase de lengua
7. número
8. clase de lengua
9. geografía
10. número
11. geografía
12. clase de lengua
13. clase de lengua
14. número

01-06
Answers will vary.

01-07 *Answers will vary. Suggested answers:*
1. Cinco más cinco son diez.
2. Uno más uno son dos.
3. Nueve más ocho son diecisiete.
4. Diez más diez son veinte.
5. Once más cuatro son quince.
6. Siete más doce son diecinueve.
7. Ocho más seis son catorce.
8. Dieciséis más dos son dieciocho.

01-08
1. 47658
2. 53682
3. 56091
4. 08210

01-09
1. 66231657423
2. 3273048
3. 209423
4. 6410964
5. 53766079

01-10
1. cuatro
2. dos
3. ocho
4. uno
5. tres
6. nueve

01-11
1. Son, son
2. Eres, es
3. Es, eres
4. Somos, es
5. Son, soy
6. Es, son
7. Soy, son
8. Es, somos

01-12
1. es
2. es
3. son
4. es
5. es
6. soy
7. eres
8. son

01-13
1. se llama
2. me llamo
3. te llamas
4. se llama
5. se llaman
6. me llamo

01-14
1. somos, llamo, se llama / es
2. soy
3. es
4. soy/ me llamo, es
5. te llamas, Me llamo / Soy
6. son, es / se llama

1

1 gente que estudia español

01-15
1. a
2. d
3. b
4. b
5. b
6. c
7. c
8. b
9. c
10. b
11. b
12. a
13. d
14. c
15. a
16. d

01-16
1. la
2. la
3. la
4. el
5. la
6. la
7. la
8. la
9. la
10. el
11. el
12. el
13. el
14. la
15. el
16. el
17. el
18. el
19. el
20. la
21. la
22. la

01-17
1. los estudiantes
2. las profesoras
3. las ciudades
4. los idiomas
5. las tradiciones
6. las televisiones
7. las preguntas
8. los habitantes

01-18
1. la compañera
2. el deporte
3. la información
4. el monumento
5. la clase
6. el país
7. la cultura
8. el apellido

01-19
1. 1
2. 6
3. 7
4. 2
5. 4
6. 5
7. 3

01-20 *Answers will vary. Correct answers:*
1. a, ere, ge, e, ene, te, i, ene, a
2. be chica, e, ene, e, zeta, u, e, ele, a
3. u, ere, u, ge, u, a, i griega
4. ce, o, ele, o, eme, be grande, i, a
5. pe, u, e, ere, te, o, ere, i, ce, o

01-21 *Answers will vary.*

01-22
1. ¿?
2. .
3. .
4. ¿?
5. ¿?
6. .
7. ¿?
8. .
9. ¿?
10. .
11. ¿?
12. .

01-23
1. i, a, a, u, a
2. a, a, u, a
3. u, u, u, a
4. é, i, o
5. e, ú
6. u, e, o, i, o
7. e, a, a, o
8. e, u, a, o

01-24
1. a, c, d
2. b, c, d
3. c
4. d
5. a, b
6. b, c
7. a, c, d
8. a, b, c

01-25
1. Sí, es ella
2. Sí, soy yo
3. Sí, son ellos
4. Sí, somos nosotros
5. Sí, es él
6. Sí, son ellos
7. Sí, son ellas
8. Sí, eres tú
9. Sí, somos nosotros / Sí, son ustedes
10. Sí, son ellas

01-26
1. b
2. c
3. a
4. a
5. b
6. c
7. d
8. a
9. a
10. d
11. c
12. d
13. b
14. b

01-27
1. este mapa
2. estas profesoras
3. esta clase
4. estos idiomas
5. estas informaciones
6. este nombre
7. estos paisajes
8. esta conversación

01-28 *Answers will vary.*

01-29 *Answers will vary.*

01-30 *Answers will vary. Possible answers:*
1. ¿Cómo se dice *boring* en español?
2. ¿Qué significa *mundo*?
3. Más despacio, por favor.
4. ¿Puede repetir, por favor?
5. No entiendo. / No comprendo.

01-31 *Answers will vary.*

01-32 *Answers will vary.*

01-33
1. c		4. b
2. b		5. a
3. b		6. a

01-34
1. y
2. también
3. pero
4. porque

01-35
1. 2
2. 5
3. 7
4. 1
5. 4
6. 6
7. 3

01-36 *Answers will vary.*

01-37 *Answers will vary.*

02-01
1. antonyms
2. synonyms
3. antonyms
4. synonyms

02-02
1. b   4. c
2. c   5. a
3. d   6. a

02-03
1. periodista
2. extrovertido
3. abogado
4. político
5. escritor

02-04
1. d   4. b
2. c   5. a
3. f   6. e

02-05   *Answers will vary.*

02-06
1. veintinueve
2. noventa y cinco
3. veintiséis
4. setenta y ocho
5. cuarenta y siete
6. sesenta y nueve

02-07
1. 74
2. 85
3. 7, 49
4. 52, 24
5. 92, 93

02-08
1. 11 / once
2. 15 / quince
3. 33 / treinta y tres
4. 35 / treinta y cinco
5. 49 / cuarenta y nueve

02-09   *Answers will vary. Correct answers:*
1. sesenta y tres
2. treinta y ocho
3. noventa y siete
4. veinticuatro
5. cincuenta y dos
6. setenta y cinco
7. ochenta y uno

02-10   *Answers will vary. Correct answers:*
1. treinta
2. noventa
3. venticinco
4. cincuenta y dos
5. cuarenta
6. setenta y siete
7. cuarenta y uno

02-11
1. a, b, c
2. a, b
3. c, d
4. a, d
5. b, c, d
6. a, b, c
7. a, b, c
8. b, c, d

02-12   *Answers may vary. Correct answers:*
1. Es periodista. Es mexicana. Juega al tenis y estudia inglés. Es muy trabajadora.
2. Es fotógrafo. Es argentino. Colecciona estampillas. Es muy cariñoso.

02-13   *Answers will vary.*

02-14
1. muy, un poco
2. bastante, nada
3. bastante / muy, un poco
4. nada, muy / bastante

02-15 *Answers will vary.*

02-16
1. pinta
2. coleccionan
3. tocas
4. cocinamos
5. bailan
6. veo

02-17
1. c
2. a
3. a
4. c
5. b
6. b
7. d
8. a
9. c
10. a

02-18
1. estudia
2. trabajan
3. Buscan
4. Toca
5. trabaja
6. Hablan
7. estudian

02-19
1. d
2. b
3. c
4. c
5. b
6. a

02-20
1. a
2. a
3. b
4. a
5. a
6. b

02-21
1. su
2. tus
3. mi
4. sus
5. sus
6. nuestro
7. su
8. mis
9. tu
10. sus

02-22
1. su
2. Mi
3. nuestro / mi
4. Su
5. Tus
6. Su

02-23 *Answers may vary. Possible answers:*
1. ¿Eres bióloga?
2. ¿Cuántos años tiene Carlos?
3. ¿Cómo se llaman tus padres?
4. ¿Es usted de Estados Unidos?
5. ¿Qué idiomas hablan?

02-24
1. b
2. a
3. b
4. b
5. b
6. a

02-25 1. catorce argentinos; 2. doce bolivianos; 3. diecisiete colombianos; 4. dieciocho costarricenses; 5. un cubano; 6. ocho dominicanos; 7. trece ecuatorianos; 8. quince españoles; 9. tres guatemaltecos; 10. siete hondureños; 11. treinta y cinco mexicanos; 12. seis nicaragüenses.

02-26 *Answers will vary. Correct answers:*
1. Él es de México.
2. Ella es de Argentina.
3. Él es de Cuba.
4. Él es de Uruguay.
5. Él es de Honduras.
6. Ella es de Chile.

02-27
1. 202, 654, 56, 89
2. 703, 786, 56, 87
3. 310, 543, 78, 23

02-28 *Answers will vary.*

02-29 *Answers may vary. Possible answers:*

1. ¿Cómo se llama?
2. ¿Cuántos años tiene?
3. ¿Dónde trabaja?
4. ¿Qué hace?
5. ¿De dónde es?

02-30 *Answers will vary.*

02-31 *Answers will vary.*

02-32 *Answers may vary. Suggested answers:*

1. Mexicano, importantes, diplomático, cosmopolita, intelectual, intensa, actividad...
2. Escritor, obra, literario/a, ficción, novelas, cuentos
3. Es escritor.
4. México, su gente y cultura
5. La novela más importante es *La muerte de Artemio Cruz.*
6. *La frontera de cristal*

02-33

1. b	4. c
2. b	5. a
3. a	6. a

02-34 *Answers may vary. Possible answers:*

Generoso, extrovertido, México, agencia, internacional, divorciado, introvertido, serio, matemáticas, universidad, Estados Unidos, Argentina, música, violín, inteligente, texturas, colores, elementos, tradición, popular, indígena, perspectiva, contemporánea, famoso, local, regularmente, galerías, arte.

02-35 *Answers will vary.*

02-36

1. Primero
2. Segundo
3. Tercero
4. Por último

03-01
1. verano
2. peligroso
3. alojamiento
4. iglesia
5. piscina
6. playa
7. centro
8. guía

03-02
1. a
2. c
3. c
4. b
5. a
6. b

03-03
1. c
2. e
3. a
4. d
5. b
6. d
7. e
8. d
9. d
10. c

03-04
1. b
2. b
3. a
4. b
5. a
6. b
7. b

03-05
1. b
2. d
3. a
4. c
5. e

03-06

```
a  l  b  a  c (e  n  e  r  o) p (m  a  r  z  o)
b  a  r  c  l  u  j  a  s (j  u  n  i  o) h  o
r  u  d  t  f  v  j  k  l  o  s  e  r  y  u  j
i  t  i  n  e  u  s  m  e  r  z  i  n  e  z  u
l  n  c  s (o  c  t  u  b  r  e) j  o  m  e  l
m  f  i  e  s  f  c  o  l  o  a  n  v  e  r  i
m  a  e  t  i  u  s  g  u  t  t  h  i  m  r  o
j  u  m  i (f  e  b  r  e  r  o) a  e (a) l  h
m  i  b  r  c  n  u  o  p  f  e  r  m  g  i  u
p  e  r  o  q  u (m  a  y  o) p  i  b  o  a  t
g  e  e  i  l  o  p  a  r  t  i  c  r  s  s  h
(s  e  p  t  i  e  m  b  r  e) e  s (e) t  p  o
```

03-07 *Answers will vary.*

03-08
1. a
2. a
3. b
4. b
5. a

03-09 *Answers will vary.*

03-10 *Answers will vary. Correct answers:*
1. Es en noviembre.
2. Es en octubre.
3. Es en enero.
4. Es en septiembre.
5. Es en febrero.
6. Es en julio.
7. Es en octubre.
8. Es en junio.
9. Es en marzo.
10. Es en mayo.

03-11
1. están
2. estamos
3. está
4. están
5. está
6. estás
7. están
8. están
9. estoy
10. estás

03-12
1. ¿Hay oficina de correos?
   Sí, está cerca de la alcaldía.
2. ¿Hay iglesia?
   Sí, está en el centro.
3. ¿Hay restaurantes?
   Sí, están en esta calle.
4. ¿Hay parque?
   Sí, está cerca de la estación.
5. ¿Hay oficina de turismo?
   Sí, está en el centro.
6. ¿Hay metro?
   Sí, está en la esquina.
7. ¿Hay piscina?
   Sí, está en el hotel.

03-13
1. a
2. a
3. b
4. a
5. a
6. b
7. a
8. b

03-14 *Answers will vary.*

03-15 *Answers may vary. Correct answers:*

montañas, lagos, pueblos, playas, puerto, ciudad, hoteles, campamento, río

03-16
1. b, d
2. a, b, c, e, f, g

03-17 *Answers will vary.*

03-18
1. tampoco
2. y
3. también
4. no
5. también
6. ni
7. tampoco
8. ni

03-19
1. b
2. b
3. c
4. c
5. a
6. d
7. a
8. a

03-20
1. f
2. b
3. d
4. c
5. c
6. f
7. a
8. d

03-21
1. Preferimos coleccionar
2. Quieres tomar
3. Prefieren alquilar
4. Quiero estudiar
5. Prefieres visitar
6. Quieres viajar
7. Preferimos pasear

03-22
1. c
2. a
3. d
4. b

03-23
1. c
2. e
3. d
4. b
5. a
6. f

03-24
1. gustan
2. gusta
3. gustan
4. gusta
5. gustan
6. gusta
7. gusta
8. gusta

03-25
1. te
2. nos
3. me
4. le
5. le
6. les
7. le
8. les

03-26
1. gusta, gusta
2. gusta
3. gusta
4. gustan
5. gusta, gustan

03-27 *Answers will vary.*

03-28
1. b
2. d
3. b
4. c
5. a
6. c
7. a
8. d

03-29 *Answers will vary.*

03-30 *Answers will vary.*

03-31

1. a
2. a
3. b
4. a
5. a
6. b
7. b

03-32 *Answers may vary. Suggested answers:*

1. reefs
2. alternativa, permanente, anualmente, diversos, limitado, marítimo
3. 50.000 personas visitan la isla cada año.
4. Los turistas prefieren ir a Gran Roque en avión.
5. El turismo es limitado porque es un parque nacional protegido.
6. Los deportes acuáticos como windsurf, buceo o submarinismo.

03-33

1. b
2. a, b, c, d, e
3. a
4. b
5. a
6. c

03-34 *Answers may vary. Possible answers:*

1. A mi hermana le interesa la naturaleza, por eso quiere ir de vacaciones a Venezuela.
2. Prefiero ir a la playa en primavera, porque en verano hay muchos turistas allí.
3. Prefiero ir de vacaciones con mis amigos, ya que no me gusta estar solo.
4. Quiero visitar los tepuyes de Venezuela, ya que me gustan los lugares exóticos.
5. A mi abuela le interesa mucho el arte, por eso prefiere viajar a ciudades con muchos museos.
6. Los tepuyes son monumentos naturales, debido a que tienen ecosistemas únicos.
7. A mi hermano le gustan los deportes acuáticos, por lo tanto prefiere un hotel cerca de la playa.
8. Debido a que la Isla de Margarita tiene unas playas muy bellas, mucha gente de todo el mundo la visita.

03-35 *Answers will vary.*

4 gente de compras

04-01
1. c
2. d
3. a
4. c
5. a

04-02
1. a, e
2. a, b, d
3. d, e

04-03 *Answers will vary.*

04-04
1. a
2. d
3. b
4. e
5. f
6. c

04-05
1. Los zapatos, en la zapatería.
2. El libro, en la librería. / Los libros, en la librería.
3. El perfume, en la perfumería.
4. La comida, en el supermercado.
5. El champán, en la bodega. / La botella de champán, en la bodega.

04-06
1. Pantalones / los pantalones
2. Chaqueta / la chaqueta
3. Camisa / la camisa
4. Falda / la falda
5. Vestido / el vestido
6. Sandalias / las sandalias / zapatos / los zapatos
7. Suéter / el suéter
8. Camiseta / la camiseta

04-07
1. a
2. b
3. b
4. a
5. b
6. b
7. b
8. b
9. a

04-08
1. a
2. c
3. b
4. d

04-09 *Answers will vary.*

04-10 *Answers will vary.*

04-11
1. a
2. d
3. b
4. d
5. a
6. c
7. c
8. c

04-12 *Answers will vary.*

04-13
1. Tienes que / tengo que, a la farmacia
2. Tienen que, a la librería
3. Tiene que / tengo que, a la pastelería
4. Tiene que, a la zapatería
5. Tengo que / tienes que, ropa de mujer / ropa
6. Tenemos que / tienen que / tenéis que, al supermercado
7. Tienen que, ropa de hombre / ropa
8. Tienen que, a la juguetería

04-14
1. tengo que
2. tenemos que
3. tiene que
4. tienen que
5. tienen que
6. tienes que
7. tengo que
8. tienen que

04-15 *Answers will vary.*

04-16
1. c
2. b
3. b
4. b
5. a
6. a
7. d
8. a

04-17
1. una
2. blanca
3. unos
4. grises
5. blanca
6. gris
7. un
8. unos
9. un
10. negro
11. un
12. blanco

04-18
1. b
2. d
3. a
4. c
5. c

04-19
1. 172
2. 134
3. 25
4. 95
5. 99
6. 40

04-20
1. cuatrocientos sesenta
2. ciento veinte
3. quinientos diez
4. trescientos noventa y cinco
5. novecientos ochenta
6. doscientos setenta y cinco
7. setecientos cuarenta y cinco
8. seiscientos cincuenta y cinco

04-21 *Answers will vary. Suggested answers:*
1. ¿Cuánto cuesta este suéter?
2. ¿Cuánto cuestan estos zapatos?
3. ¿Cuánto cuesta esta botella de champán?
4. ¿Cuánto cuesta esta comida?
5. ¿Cuánto cuesta este libro?
6. ¿Cuánto cuestan estas camisas?
7. ¿Cuánto cuesta este pastel?

04-22
1. b
2. c
3. a
4. c
5. a
6. a
7. d

04-23 *Answers may vary. Possible answers:*
1. Los platos de papel los compran los amigos.
2. Las servilletas las compro yo.
3. El pastel lo compras tú.
4. Las velas las compramos nosotros.
5. Los refrescos los compra Carlos.
6. Los vasos los compran ustedes.
7. La botella de champán la compra Alberto.

04-24
1. a
2. b
3. g
4. e
5. d
6. c
7. h
8. f

04-25 *Answers will vary.*

04-26
1. Puede comprarlas Natalia. / Natalia puede comprarlas. / Las puede comprar Natalia. / Natalia las puede comprar.
2. Puede comprarlas Matías. / Matías puede comprarlas. / Las puede comprar Matías. / Matías las puede comprar.
3. Puede comprarlos Pablo. / Pablo puede comprarlos. / Los puede comprar Pablo. / Pablo los puede comprar.
4. Pueden comprarlos Julieta y Graciela. / Julieta y Graciela pueden comprarlos. / Los pueden comprar Julieta y Graciela. / Pueden comprarlos Graciela y Julieta. / Graciela y Julieta pueden comprarlos. / Los pueden comprar Graciela y Julieta. / Julieta y Graciela los pueden comprar. / Graciela y Julieta los pueden comprar.

5. Puede comprarlas Mariana. / Mariana puede comprarlas. / Las puede comprar Mariana. / Mariana las puede comprar.
6. Puede comprarlos Mónica. / Mónica puede comprarlos. / Los puede comprar Mónica. / Mónica los puede comprar.
7. Puede comprarlos Facundo. / Facundo puede comprarlos. / Los puede comprar Facundo. / Facundo los puede comprar.
8. Pueden comprarlos Jorge y Fabián. / Jorge y Fabián pueden comprarlos./ Los pueden comprar Jorge y Fabián. / Pueden comprarlos Fabián y Jorge. / Fabián y Jorge pueden comprarlos. / Los pueden comprar Fabián y Jorge. / Jorge y Fabián los pueden comprar. / Fabián y Jorge los pueden comprar.

04-27
1. le
2. les
3. te
4. le
5. nos
6. les
7. le
8. me

04-28
1. A los niños les
2. A mi mamá le
3. Al profesor le
4. A mis abuelos les
5. A mi hermana le
6. A mis padres les
7. A mi novia le
8. A ti te

04-29
1. le, le, lo, la
2. les, lo, lo
3. le, le
4. le, Las, las

04-30 *Answers will vary.*

04-31 *Answers may vary. Possible answers:*
1. ¿Cuál compro, ésta o ésta?
2. ¿Qué compro, esto o esto?
3. ¿Cuál compro, éste o éste?
4. ¿Qué compro, esto o esto?
5. ¿Cuál compro, éstas o éstas?
6. ¿Qué compro, esto o esto?

04-32 *Answers will vary.*

04-33 *Answers will vary.*

04-34
1. b
2. b, c, d, e, h
3. c
4. b, c
5. c
6. b

04-35 *Answers will vary.*

04-36 *Answers will vary.*

05-01
1. pie
2. cansado
3. sentarse
4. dieta
5. verdura

05-02 *Selected items:*

1. baloncesto, fútbol
2. sábado, domingo, lunes, jueves
3. pierna, brazo, corazón
4. carne, azúcar, pescado

05-03
1. synonyms
2. antonyms
3. antonyms
4. antonyms

05-04
1. b
2. b
3. c
4. b
5. a

05-05
1. e
2. d
3. b
4. c
5. a

05-06
1. la cabeza
2. los ojos
3. la mano
4. la pierna
5. la rodilla
6. el codo
7. el brazo
8. el pie

05-07 *Answers will vary.*

05-08 *Answers will vary.*

05-09
1. duerme
2. duermes
3. duermen
4. duerme
5. dormimos
6. duermo
7. duermen

05-10
1. hacemos
2. hacen
3. hago
4. hace
5. hago
6. hacemos / hacen
7. hacen

05-11
1. Yo voy al centro en tren. / Voy al centro en tren.
2. Mis padres van al cine con frecuencia. / Van al cine con frecuencia.
3. Mis hermanos y yo vamos al museo a pie. / Vamos al museo a pie.
4. Usted va a Bogotá en avión. / Va a Bogotá en avión.
5. Ramón va a la bodega en bici. / Va a la bodega en bici.
6. Ustedes van a la librería de vez en cuando. / Van a la librería de vez en cuando.
7. Tú vas a la universidad en carro. / Vas a la universidad en carro.
8. Ustedes van a la iglesia los domingos. / Van a la iglesia los domingos.

05-12
1. d
2. c
3. a
4. b

5 gente en forma

05-13
1. levantarse
2. dar
3. acostarse
4. tener
5. ir
6. escribir
7. hacer
8. jugar
9. dormir
10. estudiar
11. mirar
12. querer
13. comer
14. cocinar
15. pensar

05-14 *Answers will vary.*

05-15
1. dar
2. hacer
3. bañarse
4. aburrirse
5. querer

05-16
1. Es necesario hacer ejercicio.
2. Es malo comer demasiada grasa.
3. Es bueno hacer mucho deporte.
4. Es importante tomar mucha agua.
5. Es bueno hacer yoga.

05-17 *Answers will vary.*

05-18 *Answers will vary.*

05-19 *Answers will vary.*

05-20 *Answers will vary.*

05-21 *Answers will vary.*

05-22
1. siempre
2. nunca
3. Muchas veces / A menudo
4. de vez en cuando
5. nunca
6. Muchas veces / A menudo
7. Muchas veces / A menudo
8. siempre

05-23
1. c
2. a
3. a
4. c
5. b

05-24
1. muchas
2. mucho
3. mucha
4. mucho
5. mucha
6. muy
7. mucho
8. mucho
9. muy
10. muchos
11. muy
12. mucho
13. Muchos
14. muchos

05-25 *Answers will vary.*

05-26
1. están
2. estamos
3. estás
4. está
5. está
6. estoy
7. están

05-27
1. b	5. a
2. c	6. b
3. d	7. d
4. a	

05-28
1. Estoy
2. estoy
3. es
4. está / es
5. está
6. está

05-29 *Answers will vary.*

05-30 *Answers will vary.*

05-31 *Answers will vary.*

05-32
1. a
2. b
3. c
4. b
5. a
6. a

05-33
1. b
2. a
3. b
4. a

05-34 *Answers may vary. Possible answers:*
1. es decir
2. o sea
3. tales como
4. en otras palabras
5. por ejemplo

06–01
1. d
2. d
3. d
4. a
5. c
6. d
7. d
8. a
9. c

06–02
1. b, g, j, l
2. d, i, k
3. h
4. a, c, e, f

06–03
1. synonyms
2. antonyms
3. synonyms
4. antonyms
5. antonyms
6. synonyms

06–04
1. contratar
2. alquilar
3. comer
4. dormir
5. escribir
6. amueblar
7. trabajar

06–05
1. contrato
2. oficina
3. traductor
4. bilingüe
5. equipo
6. título

06–06 *Answers will vary.*

06–07 *Answers will vary.*

06–08 *Answers will vary.*

06–09 *Answers may vary. Possible answers:*

1. Sí, es verdad.
2. No, no es verdad. Tiene cuatro dormitorios.
3. No, no es verdad. Tiene sólo un baño.
4. No, no es verdad. Tiene sólo dos cuartos y un salón comedor.
5. No, no es verdad. Tiene sólo un balcón.
6. No, no es verdad. Sólo los cuartos tienen balcón.

06–10 *Answers will vary.*

06–11
1. llama ahora a este candidato
2. ofrece el trabajo a la señora García
3. contrata al contable
4. entrevista a este solicitante
5. alquila esta oficina
6. envía el contrato al traductor
7. escribe otra vez el currículo
8. abre las ventanas

06–12
1. Ten paciencia.
2. Pon esto en la mesa.
3. Sal del equipo.
4. Ve a la bodega.
5. Ven pronto.
6. Di la verdad.
7. Sé generoso.
8. Haz deporte.

06–13
1. envíalo
2. amuéblala
3. conócelos
4. ofrécelo
5. escríbelo
6. gástalo
7. ponlas
8. solicítalo

06-14
1. e
2. f
3. b
4. a
5. c
6. d

06-15 *Answers may vary. Possible answers:*

1. Tengo que seguir por esta calle hasta la Avenida de Cervantes.
2. Tengo que tomar el autobús y bajar en la parada de Hospital General.
3. Tengo que llevar estas cartas a la recepción, llamar al hotel y decirles que llegamos esta noche.
4. Tengo que ir por esta calle hasta una plaza y allá, girar a la derecha.

06-16 *Answers will vary.*

06-17 *Answers may vary. Suggested answers:*

1. ¿En qué calle vive?
   ¿Cuál es el / su código postal?

   ¿En qué calle vives?
   ¿Cuál es el / tu código postal?
2. ¿En qué número vive? ¿En qué piso vive?
   ¿Cuál es el / su código postal?

   ¿En qué número vives? ¿En qué piso vives?
   ¿Cuál es el / tu código postal?
3. ¿Cuál es el nombre de la plaza? ¿En qué piso vive?
   ¿Dónde vive? ¿Cuál es el / su código postal?

   ¿Cuál es el nombre de la plaza? ¿En qué piso vives?
   ¿Dónde vives? ¿Cuál es el / tu código postal?
4. ¿Cuál es su segundo apellido?
   ¿En qué piso / planta vive?
   ¿Cuál es el/su código postal?

   ¿Cuál es tu segundo apellido?
   ¿En qué piso / planta vives?
   ¿Cuál es el / tu código postal?

06-18
1. a
2. a
3. b
4. a
5. b
6. b
7. b
8. a
9. a
10. b

06-19
1. leyendo
2. oyendo
3. siguiendo
4. durmiendo
5. pidiendo
6. cambiando
7. jugando
8. tocando
9. estudiando
10. comiendo
11. trabajando
12. haciendo
13. diciendo
14. pagando

06-20
1. estás almorzando
2. están corriendo
3. estamos leyendo
4. estoy oyendo
5. están jugando
6. está sirviendo
7. están escribiendo
8. están cruzando

06-21 *Answers will vary.*

06-22 *Answers will vary.*

06-23 *Answers will vary.*

06-24
1. a   3. a
2. b   4. c

06-25 *Answers may vary. Suggested answers:*

1. Buenas tardes
2. Muy bien, ¿y tú?
3. Hola Allison, ¿como estás?
4. ¿y usted?
5. Muy bien, gracias.
6. ¡Hasta mañana!

06-26 *Answers may vary. Possible answers:*

1. Tengo que prestarle el vestido negro.
2. Tengo que ir a cenar con Rafael.
3. Tengo que ir a cenar a casa de Ariel.

06-27
1. b
2. e
3. f
4. a
5. c
6. d

06-28
1. a
2. b
3. c
4. d
5. e
6. a
7. b
8. f
9. g
10. d

06-29 *Answers will vary.*

06-30 *Answers will vary.*

06-31
1. a
2. a
3. b
4. b
5. a
6. c

06-32 *Answers will vary.*

06-33
1. 3
2. 5
3. 4
4. 2
5. 1

07-01
1. boleto
2. retraso
3. acampar
4. habitación
5. folleto

07-02
1. a, i, j, l, n
2. b, d, k
3. e, h, m
4. c, f, g

07-03
1. antonyms
2. antonyms
3. synonyms
4. antonyms
5. synonyms
6. synonyms
7. synonyms
8. antonyms

07-04
1. a
2. c
3. d
4. b
5. b

07-05
1. h
2. g
3. b
4. d
5. e
6. c
7. a
8. f

07-06 *Answers will vary.*

07-07
1. el Nenúfares
2. el Miraflores
3. el Juanito
4. el Juanito
5. el Nenúfares
6. el Miraflores
7. el Juanito
8. el Miraflores
9. el Nenúfares
10. el Miraflores

07-08
1. de, a
2. de
3. a
4. en
5. a
6. al, del
7. a, de

07-09
1. guía
2. de
3. viaje
4. desde
5. hasta
6. por
7. itinerario
8. parar
9. tomar
10. hasta
11. incluye
12. lugares
13. desde
14. mañana
15. hasta
16. tarde

07-10 *Answers may vary. Suggested answers:*

1. De Santa Fe a Milagros van a ir en avión.
2. De Milagros a Caldera van a ir en tren.
3. De Caldera a Polino van a ir en autobús.

07-11

1. No, en julio.
2. No, para mayo.
3. No, en diciembre.
4. No, en septiembre.
5. No, para febrero.
6. No, para marzo.

07-12

1. mañana
2. pasado mañana
3. el domingo
4. el martes que viene
5. el mes que viene
6. el 25 de noviembre
7. el 24 de abril
8. marzo del 2012
9. dentro de tres años

07-13

1. las dos menos cuarto / las dos menos quince
2. las tres y veinticinco
3. las once y cuarto / las once y quince
4. las nueve / las nueve en punto
5. las siete menos cinco
6. las cuatro y media / las cuatro y treinta
7. las seis menos veinte / las cinco y cuarenta
8. la una y diez

07-14 *Answers will vary. Possible answers:*

1. Sale a las tres y media de la tarde.
2. Sale a las siete y cuarto de la tarde.
3. Llega a la una y diez de la tarde.
4. Llega a las once y cuarto de la mañana.
5. Llega a las nueve menos diez de la mañana.

07-15

1. es, Son
2. A qué, a las
3. Desde qué
4. de / de las / desde / desde las, de, a / a las / hasta / hasta las, de
5. mañana

07-16

1. no
2. no
3. sí

07-17

1. 7	5. 3
2. 2	6. 5
3. 1	7. 4
4. 6	

07-18 *Answers will vary.*

07-19

1. 15:45
2. 20:45
3. 1:20

07-20

1. Van a buscar
2. Va a comprar
3. Voy a hacer
4. Vas a comprar
5. Van a solicitar
6. Va a ir

07-21

1. Sí, la van a solicitar. / Sí, van a solicitarla.
2. Sí, los vamos a comprar. / Sí, vamos a comprarlos.
3. Sí, la va a facturar. / Sí, va a facturarla.
4. Sí, la van a hacer. / Sí, van a hacerla.
5. Sí, las voy a tomar. / Sí, voy a tomarlas.
6. Sí, los van a pedir. / Sí, van a pedirlos.
7. Sí, las vamos a alquilar. / Sí, vamos a alquilarlas.
8. Sí, lo voy a buscar. / Sí, voy a buscarlo.

07-22

1. Va a cantar en París el 13 y el 25 de julio. / Va a cantar en París el trece y el veinticinco de julio.
2. Va a cantar en Milán el 30 de septiembre. / Va a cantar en Milán el treinta de septiembre.
3. Va a cantar en Sydney el 1 y el 2 de septiembre. / Va a cantar en Sydney el uno y el dos de septiembre.
4. Va a cantar en Barcelona el 15 y el 20 de mayo. / Va a cantar en Barcelona el quince y el veinte de mayo.
5. Va a cantar en Venecia el 3 de octubre. / Va a cantar en Venecia el tres de octubre.
6. Va a cantar en Roma el 2 de noviembre. / Va a cantar en Roma el dos de noviembre.
7. Va a cantar en Los Ángeles el 22 de agosto. / Va a cantar en L.A. el 22 de agosto./ Va a cantar en Los Angeles el 22 de agosto. / Va a cantar en Los Ángeles el veintidós de agosto. / Va a cantar en L.A. el veintidós de agosto. / Va a cantar en Los Angeles el veintidós de agosto.

07-23 *Answers will vary.*

07-24 *Answers will vary.*

07-25

1. El guía está a punto de irse.
2. Los turistas están a punto de montarse en el autobús.
3. El tren está a punto de llegar.
4. El barco está a punto de salir.
5. Yo estoy a punto de facturar las maletas.
6. El avión está a punto de despegar.

07-26

1. Sí, estamos a punto de empezar. / Sí, nosotros estamos a punto de empezar.
2. Sí, está a punto de bajar. / Sí, Daniela está a punto de bajar. / Sí, ella está a punto de bajar.
3. Sí, están a punto de entrar. / Sí, Paco y tú están a punto de entrar. / Sí, ustedes están a punto de entrar. / Sí, estáis a punto de entrar. / Sí, vosotros estáis a punto de entrar. / Sí, Paco y usted están a punto de entrar. / Sí, usted y Paco están a punto de entrar.
4. Sí, está a punto de subir. / Sí, el médico está a punto de subir. / Sí, él está a punto de subir.
5. Sí, están a punto de inscribirse. / Sí, están a punto de inscribirse en el hotel. / Sí, los turistas están a punto de inscribirse. / Sí, los turistas están a punto de inscribirse en el hotel. / Sí, ellos están a punto de inscribirse. / Sí, ellos están a punto de inscribirse en el hotel.
6. Sí, estoy a punto de facturar las maletas. / Sí, yo estoy a punto de facturar las maletas. / Sí, estoy a punto de facturarlas. / Sí, yo estoy a punto de facturarlas. / Sí, las estoy a punto de facturar. / Sí, yo las estoy a punto de facturar.
7. Sí, está a punto de despegar. / Sí, el avión está a punto de despegar.
8. Sí, estoy a punto de irme. / Sí, yo estoy a punto de irme. / Sí, estoy a punto de irme del hotel. / Sí, yo estoy a punto de irme del hotel.

07-27
1. acaba de llegar
2. acaban de salir
3. acabo de tomar fotos / acabo de tomar fotos de la catedral / acabo de tomarlas / las acabo de tomar
4. acaban de hacer las maletas / acaban de hacerlas / acabamos de hacer las maletas / acabamos de hacerlas
5. acaban de montarse en el autobús / acaban de montarse / acabamos de montarnos en el autobús / acabamos de montarnos
6. acaba de llamar
7. acaban de levantarse
8. acaba de subir

07-28
1. El guía acaba de anunciar la llegada.
2. Los turistas acaban de bajar del autobús.
3. Todo el mundo acaba de ir a la plaza.
4. El guía acaba de hablar sobre la historia de la plaza.
5. Los turistas acaban de tomar fotos.
6. Yo acabo de hacer una pregunta.
7. Los turistas acaban de montarse en el autobús.
8. El autobús acaba de irse.

07-29
1. a
2. b
3. a
4. b
5. a
6. a

07-30 *Answers will vary.*

07-31
1. g
2. e
3. f
4. c
5. a
6. d
7. b

07-32 *Answers will vary.*

07-33 *Answers will vary.*

07-34
1. b
2. c
3. b
4. a
5. c
6. b

07-35 *Answers may vary. Possible answers:*
1. veces
2. lugar
3. limpia
4. dátiles

07-36 *Answers may vary. Possible answer:*

Son muchos mis lugares favoritos en esta ciudad. Al norte está el Parque del Amor, famoso por sus jardines; al sur el Museo Municipal tiene una importante colección de arte antiguo; al este se encuentra el Zoo Nacional con una gran variedad de pájaros del Amazonas; y finalmente, al oeste la zona turística de restaurantes y tiendas.

08-01
1. jamón
2. propina
3. parrilla
4. cuenta
5. cazuela
6. sartén
7. pedir

08-02
1. b, g, h
2. a, c, j, n, r
3. e, f, m, q
4. k, o
5. d, i, l, p

08-03
1. b
2. c
3. d
4. b

08-04
1. d
2. b
3. a
4. c

08-05 *Selected items:* camarones, pollo, cerdo, jamón, mariscos

08-06
1. leche
2. jugo
3. mantequilla
4. patatas
5. postre
6. ensalada
7. fruta
8. jamón

08-07
1. f, j, k, l
2. a, b, i
3. c, d, e, g, h

08-08
1. c
2. b
3. a

08-09 *Answers will vary.*

08-10
1. b
2. d
3. e
4. a
5. c

08-11
1. Se asan
2. Se hierve
3. Se cortan
4. Se fríen
5. Se calienta
6. Se baten
7. Se mezclan

08-12
1. Se beben
2. Se merienda
3. Se come
4. Se toman
5. Se cuecen
6. Se va
7. Se almuerza
8. Se cena

08-13
1. Se habla
2. Se compran
3. Se estudian
4. Se anotan
5. Se calcula
6. Se prepara
7. Se pone
8. Se sirve

08-14
1. d
2. e
3. a
4. b
5. f
6. c

08-15 *Answers will vary.*

08-16
1. muchos
2. pocas
3. suficientes/bastantes
4. demasiados
5. mucho
6. mucho
7. poca
8. suficiente/bastante

08-17
1. nada de
2. ninguna
3. nada de
4. nada de
5. nada de
6. ningún
7. ninguna
8. ningún
9. nada de
10. ningún

08-18
1. a
2. b, c, d
3. a, c
4. b
5. a, c
6. b, c
7. b, c, d

08-19 *Answers will vary.*

08-20 *Answers will vary.*

08-21 *Answers may vary. Possible answers:*

Lleva pocas manzanas.
Lleva demasiada mantequilla.
Lleva poca sal.
Lleva mucha pimienta.

08-22 *Answers will vary.*

08-23
1. litros
2. paquete
3. latas
4. docena
5. kilos
6. litro
7. botella
8. gramos
9. paquetes
10. kilo

08-24 *Answers may vary. Possible answers:*

Una taza de frijoles negros, tres tazas de arroz blanco, una cabeza de ajo, un kilo de tocino, dos chorizos, una cebolla, dos cucharadas de aceite, pimienta y sal a tu gusto.

08-25 *Answers may vary. Possible answers:*

1. ¿Tienen tomates?
2. Pues déme un kilo, por favor.
3. ¿A cuánto están los huevos?
4. ¿Y pan? ¿Tienen pan?
5. ¿Cuánto es todo?
6. Aquí tiene. Muchas gracias.

08-26
1. b
2. a
3. b

08–27
1. e
2. f
3. c
4. d
5. c
6. g
7. e
8. c
9. b
10. d
11. a
12. f

08–28 *Answers will vary. Possible answers:*

1. Buenas tardes, ¿Tiene mesa para dos?
2. Yo quiero, de primero, sopa de pollo y de segundo, camarones borrachitos.
3. De postre quiero arroz con leche de coco.
4. Para beber quiero una sangría.
5. ¿Me puede decir que lleva los camarones borrachitos?
6. ¿Me puede traer un poco de sal?
7. ¿Me puede traer la cuenta, por favor?

08–29 *Answers will vary.*

08–30
1. b
2. c
3. c
4. b
5. c
6. a
7. b
8. b

08–31 *Answers will vary.*

08–32 *Answers will vary.*

08–33 *Answers may vary. Possible answer:*

Primero hay que cortar el pollo en trozos, limpiarlos y salarlos. Después, hay que poner un poco de aceite en una cacerola, calentarlo y freír el pollo por los dos lados durante diez minutos, retirarlo y guardarlo. En el mismo aceite, echar la cebolla y freírla. Es mejor freírla a fuego lento, así no se quema. Luego, añadir el pollo, poner en la cacerola las ciruelas y mezclarlas bien con el pollo y la cebolla. Añadir el vino y el ron y dejar cocer durante 25 minutos.

08–34
1. primero / en primer lugar
2. a continuación / después / luego
3. a continuación / después / luego
4. a continuación / después / luego
5. a continuación / después / luego
6. a continuación / después / luego
7. finalmente / por último

08–35 *Answers will vary.*

09-01
1. grave
2. niebla
3. caos
4. zona verde
5. desempleo

09-02
1. a, d, g
2. b, f, h, i
3. c, e, j, k

09-03
1. synonyms
2. synonyms
3. antonyms
4. antonyms
5. synonyms

09-04
1. f
2. b
3. c
4. d
5. a
6. e

09-05 *Answers will vary.*

09-06 *Answers will vary.*

09-07 *Answers will vary.*

09-08 *Answers will vary.*

09-09
1. habitantes
2. ruido
3. estacionamiento
4. guardería
5. calor
6. una piscina

09-10
1. más ciudadanos que
2. menos población que
3. menos ruido que
4. más rascacielos que
5. menos barrios pobres que
6. más teatros que
7. más urbanizaciones que
8. más tranquilidad que

09-11 *Answers will vary.*

09-12
1. el clima más agradable
2. el centro de negocios más importante
3. el problema menos grave
4. los jardines más bellos
5. la vida nocturna menos aburrida
6. los hoteles más acogedores
7. el barrio más peligroso
8. los rascacielos más modernos

09-13 *Answers will vary.*

09-14
1. tan fáciles como
2. tan céntrico como
3. tan responsable como
4. tan importantes como
5. tan simpáticos como
6. tan desagradable como
7. tan organizados como
8. tan aburrida como

09-15
1. tiene tantos habitantes como
2. no tiene tantas playas como
3. no tienen tantos embotellamientos como
4. no tiene tanto ruido como
5. no tiene tanta vida nocturna como
6. tiene tanta población como
7. tiene tantas zonas peatonales como

09-16
1. los mismos
2. el mismo
3. el mismo
4. la misma
5. la misma
6. las mismas
7. el mismo
8. las mismas
9. el mismo
10. las mismas

09-17 *Answers will vary.*

09-18 *Answers will vary.*

09-19 *Answers will vary.*

09-20
1. que
2. que
3. que
4. los que
5. que
6. la que
7. la que

09-21
1. b   4. a
2. a   5. b
3. d   6. c

09-22 *Answers will vary.*

09-23
1. b   5. b
2. a   6. d
3. c   7. d
4. a

09-24
1. en el que
2. en la que
3. en la que
4. por la que
5. a la que
6. a la que
7. en la que
8. en la que

09-25
1. Yo creo que la ciudad tiene que crecer.
2. Tú piensas que la violencia es un problema.
3. Todo el mundo cree que el centro es inhabitable.
4. Consuelo piensa que no hay suficientes guarderías.
5. Nosotros creemos que los jóvenes se aburren en esta ciudad.
6. Ustedes creen que la vida nocturna no es buena aquí.

09-26
1. A mis padres les parece que las calles son peligrosas.
2. A mí me parece que hay mucha contaminación.
3. A nosotros nos parece que no tenemos suficientes estadios.
4. A ustedes les parece que es importante reciclar la basura.
5. A ti te parece que construyen demasiados rascacielos.
6. A mucha gente le parece que llueve mucho este año.
7. A sus habitantes les parece que este barrio es acogedor.
8. A usted le parece que hay buenas urbanizaciones.

09-27
1. Es fundamental invertir dinero.
2. Es urgente solucionar el problema de la contaminación.
3. Es importante construir una ciudad universitaria.
4. Es necesario limpiar las calles.
5. Es imporante manejar con cuidado.
6. Es urgente abrir más hospitales.

09-28 *Answers will vary.*

09-29
1. les gustan
2. me gustan
3. le gustan
4. le gusta
5. nos gusta
6. te gustan
7. les gusta
8. les gusta

09-30 *Answers will vary.*

09-31 *Answers will vary.*

09-32 *Answers will vary.*

09-33
1. ¿No?
2. ¿Me entiendes?
3. ¿Sabes?
4. ¿Entiendes lo que te quiero decir?
5. ¿No te parece?
6. ¿OK?

09-34
1. Ya
2. Sí, comprendo
3. Sí, claro
4. Sí, entiendo
5. Buena idea

09-35 *Answers will vary.*

09-36 *Answers will vary.*

09-37 *Answers will vary.*

09-38
1. b   5. c
2. c   6. c
3. a   7. c
4. b   8. a

09-39 *Answers may vary. Suggested answers:*

1. La ciudad de Caral es producto de una civilización de una gran complejidad. Existen restos de un centro urbano y residencial, en el que se encuentran grandes plataformas y altos edificios, que indican la existencia de una élite gobernante y una población dedicada a la construcción y agricultura.

2. A Iquitos no se puede ir por carretera. Además de poder ir por avión, se puede ir en barcos, que llegan desde el océano Atlántico y también desde poblaciones cercanas.

09-40 *Answers may vary. Suggested answer:*

Cuzco es la capital del Imperio Incaico, una ciudad llena de monumentos y reliquias históricas, de mitos y leyendas, que renacen cuando se recorren sus plazas centenarias. Cuzco está en el valle del río Huatanay, en los Andes del Perú. En la actualidad, Cuzco es una ciudad abierta al mundo, que acoge con los brazos abiertos a los visitantes, que fusiona edificios precolombinos como el Amaru Cancha (Cerco de Serpiente), o el Kiswar Kancha, con joyas del mestizaje como la catedral, la iglesia de la Merced y el templo de San Blas. Cuzco está rodeado de impresionantes restos arqueológicos, como Machu Picchu, y de lugares pintorescos como Pisaq, Calca y Yucuay, que mantienen las tradiciones de sus antepasados. La ciudad del Cuzco está dividida en doce distritos. Tiene calles estrechas, rectas y empedradas. Las paredes de los monumentos de la zona central son de piedra tallada, y en los suburbios son de adobe. La vida en la ciudad del Cuzco antiguo gira alrededor de su plaza, donde la población celebra sus fiestas.

09-41 *Answers will vary.*

10–01
1. amor
2. liberar
3. premio
4. amistad
5. morir
6. preocuparse

10–02
1. antonyms
2. antonyms
3. antonyms
4. antonyms
5. antonyms
6. synonyms
7. antonyms
8. antonyms
9. synonyms
10. antonyms

10–03
1. a
2. c
3. d
4. b
5. b
6. a
7. a

10–04
1. firma
2. conquista
3. guerra civil
4. amistad
5. mito
6. golpe de estado

10–05
1. conocí
2. ganaste
3. viajaron
4. terminaron
5. vivió
6. nos casamos
7. se divorciaron
8. sucedió
9. nació

10–06
1. comprendió
2. salimos
3. compró
4. llegaron
5. Escribiste
6. Evité
7. trabajaron
8. Interrumpimos

10–07
1. se comprometieron, se casaron
2. te divorciaste, te trasladaste
3. se dio cuenta, se divorció
4. se unieron
5. nos trasladamos, nos casamos
6. se preocuparon
7. me trasladé

10–08
1. quisieron
2. quiso
3. quiso
4. quiso
5. quisimos
6. quisiste
7. quisieron
8. quise

10–09
1. fui yo
2. fuimos nosotros
3. fue ella
4. fue él
5. fuimos nosotros
6. fui yo
7. fueron ustedes
8. fue él

10–10
1. c
2. d
3. b
4. a
5. d
6. c
7. a
8. d

10–11
1. fueron
2. fue
3. fuimos
4. fueron
5. fui
6. fuiste
7. fue
8. fue

10–12
1. tuvo
2. Tuvimos
3. tuve
4. tuvieron
5. tuvieron
6. Tuviste
7. Tuvo

10–13
1. estuve
2. estuvieron
3. estuvo
4. estuvimos
5. estuvieron
6. estuviste
7. estuvo
8. estuvimos

10–14
1. hiciste
2. hice
3. hizo
4. hicimos
5. hizo
6. hizo
7. hicieron
8. hice

10–15
1. dijeron
2. dijo
3. dijiste
4. dijeron
5. dijo
6. dijeron
7. dijimos
8. dije

10–16
1. supe
2. supieron
3. supo
4. supimos
5. supo
6. supiste
7. supo
8. supieron

10–17
1. Yo di libros para niños.
2. Sus padres dieron dos camas.
3. Tú diste comida en lata.
4. Felipe dio juguetes.
5. Nosotros dimos ropa para niños.
6. Ustedes dieron plata.
7. Elisa dio platos, vasos y cubiertos.
8. Ustedes dieron abrigos.

10–18
1. nació 2. Fue 3. ingresó 4. trabajó
5. recibió 6. llegó 7. Obtuvo
8. recibió 9. compuso 10. participó
11. tomó 12. detuvieron 13. asesinaron

10–19 *Answers may vary. Possible answers:*

1. Tenis. El español Feliciano López eliminó al ruso Marat Safin por 6–4, 7–6 y 6–3.
2. Golf. El golfista estadounidense Jim Furyk se situó líder al término de la primera ronda del torneo de golf Clásico Barclays.
3. Atletismo. El británico Christian Malcolm venció ayer en los 200 metros de la Copa de Europa de Atletismo que se disputa en Florencia con un tiempo de 20.15 en los 200 metros.

10–20 *Answers will vary.*

10–21
1. c
2. a
3. i
4. d
5. g
6. j
7. e
8. f
9. h
10. b

10–22
1. estuve, estuvo
2. fue, fui, fui
3. conocí, conoció
4. jugamos, jugó
5. vi

10–23 *Selected items:*

anteayer, la semana pasada, el mes anterior, hace dos meses, en aquel momento, un año antes, aquella mañana

10–24 *Answers may vary. Possible answers:*

1. No cenó con Alfredo el martes; cenó con él ayer.
2. No fue a casa de Gabriel anoche; fue el martes.
3. No tuvo dos horas de ruso el lunes y una hoy; tuvo dos hoy y una el lunes.
4. No fue de compras esta mañana; fue el martes.
5. No fue a Santiago el lunes; fue el martes.
6. No comió hoy con clientes holandeses; comió con ellos ayer.
7. No fue al dentista el martes; fue el lunes.

10–25 *Answers will vary.*

10–26
1. g
2. f
3. b
4. e
5. d
6. c
7. a

10–27 *Answers will vary.*

10–28 *Answers may vary. Possible answers:*

1. Para buscar oro.
2. La resistencia de los indígenas y el hecho de que no encontraron ni oro ni metales preciosos.
3. Regresaron al Perú.

10–29 *Answers will vary. Correct answers:*

1. No fue en 1898, fue en 1776.
2. No fue en 1492, fue en 1789.
3. No fue en 1969, fue en 1918.
4. No fue en 1789, fue en 1968.
5. No fue en 1918, fue en 1969.
6. No fue en 1968, fue en 1990.

10–30
1. 1990
2. el siglo XVI
3. 1960 y 2010
4. 1971
5. 1973
6. 1541

10–31 *Answers will vary.*

10–32 *Answers will vary.*

10–33 *Answers will vary.*

10-34 *Answers will vary.*

10-35
1. b
2. c
3. a
4. a
5. c

10-36
1. 2
2. 1
3. 5
4. 4
5. 6
6. 3

10-37 *Answers will vary.*

10-38 *Answers may vary. Suggested answer:*

El 12 de julio de 1904 nació en la ciudad de Parral, Chile, Ricardo Eliecer Neftalí Reyes Basoalto, conocido en todo el mundo con el nombre de Pablo Neruda. La primera publicación con el nombre de Pablo Neruda apareció en octubre **de 1920** y el 28 de noviembre **del mismo** **año** recibió el primer premio en la fiesta de la Primavera de Temuco. A mediados del año 1923, Neruda abandonó sus estudios universitarios para dedicar todo su tiempo a la creación literaria. Este mismo año produjo *Crepusculario*. **Un año después** apareció su famoso libro *Veinte poemas de amor y una canción desesperada*. En junio de 1927 comenzó su carrera diplomática al ser nombrado cónsul honorario en Rangún, Birmania. **Entre 1927 y 1928** viajó por toda Asia. El 6 de diciembre de 1930, el poeta se casó con María Antonieta Hagenaar, una holandesa criolla de Java.

En 1938, comenzó a escribir *Canto General*, obra referida a todo el continente americano. En 1945, comenzó su carrera política. **Ese mismo año** ganó el Premio Nacional de Literatura. En el año 1965 obtuvo el título de Doctor Honoris Causa en Filosofía y Letras de la Universidad de Oxford. El 21 de octubre de 1971, obtuvo el Premio Nobel de Literatura. **Un año después**, regresó a Chile gravemente enfermo, y **al año siguiente**, el 23 de septiembre de 1973, murió en la ciudad de Santiago.

11-01
1. firmar
2. viajero
3. cobarde
4. datar de

11-02
1. antonyms
2. synonyms
3. antonyms
4. antonyms
5. synonyms
6. antonyms

11-03
1. b
2. a
3. b
4. c
5. d

11-04
1. firmar
2. pirata
3. expulsar
4. soldado
5. ocasionar
6. invadir
7. bandera

11-05
1. estudiaba
2. visitábamos
3. tocaba
4. coleccionaba
5. tenía
6. salía
7. Andábamos
8. Nadábamos
9. Bebíamos
10. Jugábamos

11-06
1. eran
2. era
3. eran
4. era
5. eras
6. era
7. éramos
8. eran
9. era
10. eran

11-07
1. iba
2. iban
3. iban
4. íbamos
5. iba
6. iban
7. ibas
8. iba
9. iba
10. iban

11-08
1. e
2. g
3. j
4. d
5. i
6. b
7. f
8. c
9. h
10. a

11-09
1. había
2. estaba
3. quería
4. gustaba
5. ganaba
6. tenía

11-10
1. b
2. a
3. c

11-11 *Order of verbs will vary. Possible answers:*

vivían (vivir), estaba (estar), tenía (tener), había (haber), Adoraban (adorar), ofrecían (ofrecer), era (ser), Utilizaban (utilizar), poseía (poseer), constaba (constar), consideraban (considerar), llamaban (llamar), construían (construir), Creían (creer), preparaban (preparar), realizaban (realizar), curaban (curar), interpretaban (interpretar), disponían (disponer), conocían (conocer), fabricaban (fabricar), podían (poder), se protegían (protegerse), viajaban (viajar), se alimentaban (alimentarse), cazaban (cazar), pescaban (pescar)

11-12
1. vivíamos
2. hacía
3. iba
4. salía
5. estaba
6. bebíamos
7. eran
8. tenía
9. era
10. viajábamos

11-13 *Answers will vary.*

11-14 *Answers will vary.*

11-15
1. conoció, era
2. estábamos, llamaste
3. hacían, llegué
4. pasaban, enfermó
5. estabas, entró
6. se mudaron, eran
7. se despertó, dormían
8. trabajaban, se enamoraron
9. Era, me levanté
10. vi, hacía

11-16
1. b
2. a
3. c
4. a
5. d
6. b
7. d

11-17 *Answers will vary.*

11-18 *Answers will vary.*

11-19 *Answers may vary. Possible answers:*

Main information:
- De pronto vi a Jaime.
- Subí en su carro y salimos corriendo.
- Llegamos a casa cansados y nos fuimos a dormir sin cenar.
- tomé el tren y fui a verlo. Lo encontré bastante deprimido.

- Estuvimos juntos aquel fin de semana y me explicó sus problemas.

Details:
- Todo el mundo corría, nadie sabía qué hacer, había mucho ruido...
- Luego, en la autopista, otra vez: controles de policía, embotellamientos de carros, todo el mundo hacía sonar la bocina...
- No tenía noticias de él desde hacía varios días, no me escribía, no me llamaba, yo llamaba a su casa pero nadie respondía, otras veces tenía puesto el contestador automático pero luego no me devolvía la llamada.

11-20
1. a
2. c
3. b

11-21
1. c
2. b
3. c
4. a
5. b
6. a
7. b

11-22
1. fue
2. preguntó
3. dijo
4. sentía
5. vieron
6. hacía
7. fueron
8. Había
9. decidieron
10. estaba

11-23
1. no se escuchaba / no escuchaban
2. no ofrecía muchas posibilidades
3. quería ser
4. ganó el primer premio
5. decidió ser cantante
6. tomar clases de música
7. cantar en fiestas
8. muy popular
9. se marchó
10. vivía
11. es famosa

11-24
1. existía
2. había
3. habitaba
4. vivían
5. vivía
6. vivía
7. se enamoraron
8. eran
9. averiguó
10. comenzó
11. deseaban
12. se besaron
13. rezaron
14. se cortaron
15. se oscureció
16. hubo
17. creció
18. se convirtió

11-25 *Answers will vary. Correct answers:*

1. b. era española.
2. b. era para ir del Este al Oeste de EE. UU.
3. b. el país estaba dividido.
4. b. el país estaba oprimido.
5. c. era un estado independiente.
6. b. vio la isla de Ometepe.
7. c. huyeron cuando llegaron los españoles.
8. b. era un partido político.
9. b. un huracán destruyó Nicaragua.

11-26
1. b
2. d
3. d
4. a
5. c
6. b
7. d
8. a

11-27
1. a
2. b
3. a
4. b
5. a
6. b
7. a
8. b
9. a
10. a

11-28
1. a
2. a
3. a
4. b
5. b

11-29
1. b
2. e
3. c
4. d
5. a

11-30
1. ¿Sí?
2. ¿En serio?
3. ¿De verdad?
4. ¡No me digas!

11-31 *Answers will vary.*

11-32 *Answers will vary.*

11-33
1. c
2. a
3. b
4. c
5. d
6. a
7. b

11-34 *Answers will vary.*

11-35 *Answers will vary.*

11-36
1. En aquella época
2. De repente / Entonces
3. Entonces / De repente

12 gente sana

12-01
1. adelgazar
2. recetar
3. sudar
4. adicto
5. riesgo

12-02
1. antonyms
2. synonyms
3. antonyms
4. antonyms
5. synonyms

12-03
1. b   4. b
2. c   5. d
3. a   6. a

12-04
1. resfriado
2. síntoma
3. cirujano
4. consulta
5. grave
6. fumador

12-05
1. a, b, d, e
2. c, g
3. f, h, i, j, k

12-06
1. dieta, engordar, peso, adelgazar
2. masaje, estirarse, lesionarse, inflamación
3. fumar, cigarrillo, adicto

12-07
1. ir a emergencias
2. fiebre
3. alérgico
4. picó
5. peligroso
6. síntomas
7. Adelgazó, régimen

12-08
1. muscular
2. de avispa
3. alta
4. de segundo grado

12-09
1. mentira
2. verdad
3. mentira
4. mentira
5. verdad
6. verdad

12-10
1. Coma
2. No fume
3. Adelgace
4. No beba
5. Evite
6. Descanse
7. No engorde
8. Venga

12-11
1. Invita
2. Alquila
3. Busca
4. Oye
5. Ve
6. Juega
7. Lee
8. Ve

12-12
1. no llames ahora
2. no subas al segundo piso
3. no entrevistes a este candidato
4. no solicites el empleo
5. no alquiles este apartamento
6. no entres por aquí
7. no escribas más
8. no abras las ventanas

12-13
1. No hable
2. No pregunte/ No me pregunte
3. No haga
4. No olvide
5. No moleste
6. No se duerma
7. No se vaya
8. No me dé
9. No me mienta

12-14 *Answers will vary. Suggested answers:*

1. No, no gastes más.
2. No, no preguntes el precio.
3. No, no reserves una habitación.
4. No, no escribas un correo electrónico al director.
5. No, no estudies este vocabulario.
6. No, no abras los regalos.
7. No, no tomes las pastillas.
8. No, no comas mariscos en este restaurante.

12-15 *Answers will vary.*

12-16 *Answers will vary.*

12-17

1. Procure
2. olvídese
3. salga
4. Coloque
5. Abróchese
6. elija
7. Evite
8. coma
9. beba
10. pare
11. Respete

12-18 *Answers will vary.*

12-19

1. No te lesiones
2. Haz ejercicio
3. Cuídate mucho
4. No te tumbes
5. No te agaches
6. Vive
7. No pierdas
8. Come

12-20

1. No, no lo tomes.
2. No, no las compres.
3. No, no lo escribas.
4. No, no la cierres.
5. No, no los dejes.

6. No, no la pidas.
7. No, no las llames.
8. No, no lo recojas.
9. No, no te las pongas.

12-21

1. No salga. / No, no salga.
2. No lo escriba. / No, no lo escriba.
3. No venga mañana. / No, no venga mañana. / No venga. / No, no venga.
4. No las envíe. / No, no las envíe.
5. No los llame. / No, no los llame.
6. No los entreviste. / No, no los entreviste.
7. No las pague. / No, no las pague.
8. No, no se vaya. / No se vaya.

12-22

1. b	5. a
2. a	6. a
3. a	7. a
4. b	8. b

12-23 *Answers may vary. Suggested answers:*

1. No es conveniente tomar el sol.
2. Hay que comer menos grasas animales.
3. Es aconsejable utilizar cremas con filtros solares.
4. No hay que fumar.
5. Conviene visitar al médico.
6. Se debe beber agua salada cada cuarto de hora.
7. Hay que ir al servicio de emergencia.
8. No es bueno comer alimentos con huevo crudo.

12-24

1. pueden
2. puedes
3. puedes
4. puede
5. puede
6. puede
7. podemos
8. puede

12-25
1. a
2. b
3. a
4. a
5. b
6. a
7. b
8. a

12-26
1. deje
2. Desconecte
3. dejar
4. eche
5. permita
6. tener
7. tocar
8. tener
9. dejar
10. guarde

12-27 *Answers will vary.*

12-28
1. fumas, vas
2. haces ejercicio, adelgazas
3. te pones, ves
4. tienes, debes
5. caminas, te caes
6. comes, adelgazas
7. necesitas, vas
8. bebes, manejas, puedes

12-29
1. te puedes enfermar
2. no te pones, puedes tener
3. Debes comer
4. estudias, te diviertes, participas
5. tienes que hacer, llegas

12-30
1. los ojos, las piernas
2. muelas, espalda, estómago
3. la espalda, el oído
4. las muelas, los ojos, las piernas
5. resfriado, bien, muy mal, mareado, grave, enfermo
6. la espalda, las piernas

12-31 *Answers will vary.*

12-32 A.
1. Elvira
2. Matutes Blasco
3. 38 / treinta y ocho / 38 años / treinta y ocho años
4. pie inflamado
5. rodilla / la rodilla
6. polen y aspirinas / aspirinas y polen
7. no / ninguna

B.
1. Ernesto
2. Tomás Villar
3. 20 / veinte / 20 años / veinte años
4. picor en la pierna
5. apendicitis
6. penicilina
7. gotas para los ojos / gotas

12-33 *Answers will vary.*

12-34 *Answers will vary.*

12-35 *Answers will vary.*

12-36 *Order of answers may vary. Correct answers:*

gravemente, seriamente, inteligentemente, lentamente, saludablemente, conscientemente, obviamente

12-37
1. Disculpe
2. Mire
3. Perdone

12-38
1. Pase, pase
2. siéntese
3. No se preocupe
4. lléveselo

12–39 *Answers will vary.*

12–40 *Answers will vary.*

12–41
1. a
2. b
3. b
4. c
5. a
6. d
7. c
8. b

12–42 *Answers may vary. Suggested answers:*

1. *Main ideas:* La gente no puede alquilar apartamentos porque los precios son muy altos; los alquileres de los apartamentos subieron de precio; muchos apartamentos están vacíos. *Connectors:* para empezar, además, por último.
2. El alquiler de su apartamento subió de precio. *Connector:* Por ejemplo
3. Los precios subieron enormemente. *Connector:* ya que

12–43 *Answers will vary.*

13 gente y lenguas

13-01
1. minoría
2. regla
3. sonido

13-02
1. synonyms
2. synonyms
3. synonyms
4. antonyms

13-03
1. c   4. b
2. d   5. b
3. a

13-04
1. sueco
2. durar
3. lengua materna
4. nivel
5. hebreo
6. aprendiz
7. gesto

13-05 *Selected items:*

1. vascuense, chino, turco, sueco
2. traducción, redacción, ensayo, lectura
3. esfuerzo, regla, error, estrategias

13-06 *Answers may vary. Possible answers:*

1. Nombres: cursos, español, nivel, práctica, gramática, lengua
   Verbos: hablar, leer
   Adjetivos: bueno, oral
2. Nombres: clases, curso, español, idioma, nivel, trabajo, traducción, estudios
   Verbos: matricularse, impartir
   Adjetivos: gramatical
3. Nombres: intercambio, español, inglés, gramática, nativos, conversación, pronunciación, idiomas
   Verbos: entender, participar, mejorar

13-07
1. chino   6. finlandés
2. alemán   7. ruso
3. griego   8. francés
4. hebreo   9. turco
5. japonés   10. sueco

13-08 *Selected items:* la empresa, el ejército

13-09
1. b   3. b
2. b   4. c

13-10
1. Me parece
2. nos parecen
3. le parece
4. les parece
5. te parecen
6. me parecen
7. nos parece

13-11
1. A mí me resultó interesante la primera clase de español. / Me resultó interesante la primera clase de español.
2. A ti te resultó aburrido el video. / Te resultó aburrido el video.
3. A Molly le resultaron claves los esquemas para aprender el uso de los tiempos verbales. / Le resultaron claves los esquemas para aprender el uso de los tiempos verbales.
4. A Jacob y a mí nos resultaron complejas las explicaciones del profesor. / A nosotros nos resultaron complejas las explicaciones del profesor. / Nos resultaron complejas las explicaciones del profesor.
5. Al profesor le resultó apropiado para el nivel el conocimiento de los estudiantes. / Le resultó apropiado para el nivel el conocimiento de los estudiantes.
6. A los estudiantes les resultaron efectivas las estrategias presentadas. / A las estudiantes les resultaron efectivas las estrategias presentadas. / Les resultaron efectivas las estrategias presentadas.

13-12
1. de
2. de
3. de
4. con
5. con

13-13 *Answers will vary.*

13-14 *Answers will vary.*

13-15 *Answers may vary. Possible answers:*

1. Las compañías grandes le parecen horribles.
2. Trabajar en equipo le parece indispensable.
3. Las reuniones largas le resultan pesadas y le parecen innecesarias.
4. Los viajes le resultan pesados.
5. Conocer cosas nuevas le parece interesante.
6. Le resulta fácil comunicarse con la gente.
7. Le cuesta hacer cada día lo mismo.

13-16
1. le
2. se
3. se
4. le
5. me
6. me
7. le
8. le
9. nos
10. nos
11. les
12. les

13-17 *Answers will vary.*

13-18
1. les han gustado
2. me ha gustado
3. nos ha gustado
4. le ha gustado
5. le ha gustado
6. me ha gustado
7. les han gustado
8. nos ha gustado

13-19
1. b
2. a
3. b
4. b
5. a
6. a
7. b

13-20
1. estudié
2. fue
3. Llegaron
4. escuchamos
5. tuve
6. habló
7. intenté
8. aprendió

13-21
1. estuviste
2. fui
3. he visitado
4. volé
5. llegó
6. has estado
7. he ido
8. he visitado
9. he volado
10. llegó

13-22
1. hablando
2. navegando
3. acordándome
4. usando
5. imitando
6. leyendo
7. prestando
8. haciendo

13-23
1. hablando
2. esquiando
3. caminando
4. manejando
5. leyendo
6. bailando
7. tocando
8. traduciendo

13-24 *Answers may vary. Possible answers:*

1. Sin hablar con fotógrafos, haciendo muchas fotos.
2. Sin ir a agencias, paseando por la ciudad.
3. Sin ir a Italia, viviendo con un italiano.
4. Sin hablar con nativos, escuchando canciones.
5. Sin traducir palabra por palabra, mirando el diccionario.
6. Sin estudiar solfeo, tocando de oído.

13-25
1. estás haciendo
2. Estoy colgando
3. estaba paseando
4. estaban vendiendo
5. Estuve mirando
6. he estado decorando
7. estuve trabajando
8. estoy buscando

13-26
1. estás estudiando
2. están haciéndose un lío / se están haciendo un lío
3. estamos cometiendo
4. estoy corrigiendo
5. están haciendo
6. está escribiendo
7. están aprovechando

13-27
1. estuviste trabajando
2. estuve haciendo
3. estuvimos aprendiendo
4. estuvieron buscando
5. estuvieron prestando atención
6. estuvo viajando
7. estuvo haciendo
8. estuve perfeccionando

13-28
1. ha estado cocinando
2. ha estado haciendo
3. ha estado descansando
4. han estado trabajando
5. hemos estado lavando
6. he estado leyendo
7. ha estado escuchando
8. ha estado estudiando

13-29
1. a
2. b
3. a
4. b
5. b
6. a
7. b

13-30 *Answers will vary.*

13-31 *Answers will vary.*

13-32 *Answers will vary.*

13-33 *Answers will vary.*

13-34
1. g
2. e
3. a
4. b
5. a
6. b
7. b
8. b
9. b

13-35
1. *Answer will vary.*
2. *Answer will vary.*
3. *Answer will vary.*
4. *Answer will vary.*
5. *Answer will vary.*
6. *Answers may vary. Possible answers:*
   Nelson Mandela habla inglés.
   El rey Juan Carlos habla español.
   Kim Jong-Il habla coreano.
   Nicólas Sarkozy habla francés.
   Vladimir Putin habla ruso.

13-36
1. :
2. m
3. f
4. e
5. ¡
6. !
7. :
8. "
9. ¿
10. ?
11. "
12. m
13. :
14. "
15. "
16. .
17. :
18. "
19. ¿
20. m
21. ?
22. ¿
23. ?
24. ¿
25. ?
26. "
27. m
28. ,
29. ,
30. i
31. e
32. .
33. i

14-01
1. bondad
2. tenacidad
3. envidia
4. amable
5. vanidad

14-02
1. antonyms
2. antonyms
3. synonyms
4. antonyms
5. antonyms
6. antonyms
7. antonyms

14-03
1. a   4. a
2. b   5. d
3. c

14-04
1. envidia
2. inseguro
3. pesimista
4. pedante
5. roncar
6. meditar
7. coleccionar

14-05
Answers may vary. Possible answers:

JULIO
1. Veterinario en una clínica de perros.
2. Le gustan los animales, la cocina, la música.
3. Salir con sus amigos, conversar, pasarlo bien, pasear con su perro, coleccionar estampillas, viajar.
4. No le gustan las discotecas, la música muy alta, no soporta el olor a tabaco ni las corbatas.

MARCOS
1. Profesor de educación física y trabaja en un gimnasio.
2. Le encanta salir al campo, ir a la playa, bailar. Le gustan la literatura, las novelas de amor, de misterio, de aventuras, la ecología.
3. Gimnasia, jugar a las cartas, estar en casa, ver la televisión, comer, beber buen vino.
4. No soporta los gatos porque es alérgico.

14-06
1. egoísta
2. bello/a
3. honesto/a
4. bueno/a / bondadoso/a
5. la sinceridad
6. la hipocresía
7. la fidelidad
8. la envidia
9. la ternura
10. la generosidad

14-07 *Answers will vary.*

14-08 *Answers will vary.*

14-09 *Answers will vary.*

14-10
1. a   4. a
2. b   5. a
3. a   6. b

14-11 *Answers will vary.*

14-12 *Answers will vary.*

14-13
1. a   4. a
2. b   5. b
3. a   6. a

14-14
1. llevarás
2. recibirán
3. iremos
4. trabajará
5. comprarán
6. asistiré
7. verá
8. pedirá

14-15
1. mirarán
2. dará
3. jugaremos
4. montaré
5. irás
6. recogerán
7. comerán
8. nadará

14 gente con personalidad

14-16
1. nos graduaremos
2. ganarán
3. seré
4. inventará
5. se casarán
6. mejorarás
7. estará
8. conoceré

14-17
1. b
2. c
3. d
4. a
5. c
6. a
7. a
8. b

14-18
1. tendrá
2. pondré
3. saldrán
4. reharás
5. vendrán
6. querrán
7. diremos
8. hará

14-19
1. harán
2. vendremos / vendrán
3. saldré
4. habrá
5. tendrá
6. querremos
7. podré
8. pondrá

14-20
1. a
2. d
3. b
4. b
5. a
6. c
7. c
8. d

14-21
1. sale, saldré
2. dicen, diremos
3. hace, harán
4. tienen, tendrá
5. pones, pondré
6. pueden, podrán
7. sabemos, sabrás
8. vengo, vendrá
9. toma, tomarán

14-22
1. harán
2. haremos
3. hará
4. haré
5. harán
6. harás
7. hará
8. harán
9. hará
10. haremos

14-23
1. navegaría
2. hablaría
3. se angustiarían
4. aprenderíamos
5. escribirías
6. leerían
7. iría
8. cometerían

14-24
1. diría
2. querría
3. saldríamos
4. podrían
5. vendría
6. harían

14-25
1. se reuniría
2. recorreríamos
3. te divertirías
4. vendrían
5. querría
6. harían
7. saldrían
8. propondría

14-26
1. daría
2. expresarías
3. compraría
4. propondríamos
5. se reunirían
6. se prepararía
7. cambiarían
8. harían

14-27
1. a
2. c
3. d
4. b
5. b
6. a
7. d

14-28
1. a
2. c
3. b
4. a
5. d
6. b
7. c
8. a
9. d
10. c
11. d
12. b

14-29 *Answers may vary. Possible answers:*

1. Visitaría Sudáfrica con Nelson Mandela porque quiere conocer más de su país.
2. Viajaría por el mundo con Marcelo Ríos porque quiere verlo jugar en grandes torneos y tendría una cita con él porque es muy guapo.
3. Saldría una noche con Nicole Kidman porque es interesante, guapa y simpática.
4. Subiría a un escenario con Shakira porque es su ídolo.
5. No haría nada con Enrique Iglesias porque no le gusta nada.

14-30 *Answers will vary.*

14-31 *Answers will vary.*

14-32 *Answers will vary.*

14-33
1. Qué
2. A qué hora/Cuándo
3. Dónde
4. Cuál
5. Con quién
6. Cuándo
7. Cómo

14-34
1. e
2. f
3. a
4. b
5. c
6. f
7. e
8. d
9. d
10. c
11. b
12. e

14-35 *Answers may vary. Possible answers:*

1. ¿Qué tipo de cine te gusta?
2. ¿Con quién vas a ir de vacaciones?
3. ¿A qué hora vas a ir a cenar?
4. ¿Por qué trabajas tanto?
5. ¿Desde cuándo trabajas aquí?
6. ¿Cuál te gusta: el verde o el rojo?
7. ¿De qué plaza está hablando?

14-36 *Answers may vary. Possible answers:*

1. ¿Qué planes tiene para este año?
2. ¿Cuándo comenzó a actuar?
3. ¿Sabía que iba a ser muy famosa desde pequeña?
4. ¿Cuál es su color favorito?
5. ¿Con qué directores le gustaría trabajar?
6. ¿Qué tipo de música le gusta?
7. ¿Qué tipo de ropa prefiere?
8. ¿Con quién le gusta viajar?
9. ¿Quién es la persona que ocupa su corazón ahora?

14-37
1. cuándo vendrían
2. por qué, diría
3. dónde estudiaría
4. con quién se casaría
5. si, acompañaría
6. qué pensaría
7. si, saldrían
8. cuándo, me iría

14-38 *Answers will vary.*

14-39 *Answers will vary.*

14-40 *Answers will vary.*

14-41 *Answers will vary.*

14-42 *Answers will vary.*

14-43
1. b
2. e
3. a
4. c
5. d
6. b
7. b

14-44 *Answers will vary.*

14-45 *Answers may vary. Possible answers:*

1. luego
2. ya que
3. por ejemplo
4. en conclusión
5. más tarde
6. también

15–01
1. nocturno
2. cartelera
3. amanecer
4. taquilla
5. arrepentirse

15–02
1. synonyms
2. synonyms
3. antonyms
4. antonyms
5. synonyms

15–03
1. c
2. a
3. b
4. d
5. c

15–04
1. partido
2. cita
3. guión
4. documental
5. temporada
6. entretenido
7. entrada

15–05
1. b, e, f, j
2. g, h, l
3. i, k, m
4. a, c, d

15–06
1. genial
2. conmovedor/a
3. encantador/a
4. emocionante
5. diurno/a
6. animado/a

15–07
1. c
2. b
3. a
4. d

15–08
1. ciencia ficción
2. acción
3. oeste
4. terror
5. policíaca

15–09
1. planear/planificar
2. excusar/excusarse
3. reunirse
4. salir
5. sorprender/sorprenderse

15–10
1. estudies
2. estudiemos
3. estudiéis
4. lea
5. lea
6. leáis
7. lean
8. escriba
9. escribamos
10. escriban
11. tenga
12. tengamos
13. tengan
14. pueda
15. podamos
16. podáis
17. quiera
18. quieras
19. queráis

15–11 *Answers will vary.*

15–12 *Answers will vary.*

15–13
1. me arrepienta
2. celebren
3. se queden
4. nos reunamos
5. se sorprenda
6. te animes

15–14
1. pueda
2. vaya
3. tenga
4. quiera
5. sea
6. venga

15–15 *Answers will vary.*

15–16 *Answers will vary.*

15–17 *Answers will vary.*

15-18
1. 6
2. 2
3. 4
4. 3
5. 1
6. 7
7. 8
8. 5

15-19   *Answers may vary. Possible answers:*
1. cumpleaños, comida, bebida, cerveza, música
2. actores, fotografía, música
3. pianista, sinfonía
4. decoración, comida, carne, pasteles
5. estadio, partido
6. canciones, disco, batería
7. música, salsa, merengue, consumición
8. expresionismo, colección, arte

15-20   *Answers will vary.*

15-21   *Answers will vary.*

15-22   *Answers will vary.*

15-23
1. interesantísimas
2. divertidísima
3. aburridísimo
4. animadísima
5. lindísimo
6. pesadísima
7. entretenidísima

15-24   *Answers will vary.*

15-25
1. ¿Por qué no quedamos esta tarde para ir al cine?
2. ¿Al cine? Bueno. ¿A qué hora?
3. ¿Qué te parece a la sesión de las seis y cuarto?
4. ¿Tan pronto? Mejor a la de las ocho u ocho y media, ¿no? Es que tendría que estudiar.
5. Bueno, vale, pues a las ocho. ¿Que película te apetece ver?

6. Ah, pues no sé... me da igual. ¿Qué ponen en el Florida, que está más cerca?
7. A ver... *El hombre salvaje* y *Mira quién llora.*
8. Uf, ¡qué rollo! ¿Y si en lugar del cine quedamos en mi casa y alquilamos una de vídeo? Yo tengo ganas de volver a ver *To be or not to be.*
9. Ah, pues muy bien. A las ocho paso por tu casa, ¿vale?
10. Muy bien. Pues te espero aquí.
11. Hasta luego.

15-26   *Answers will vary.*

15-27
1. es
2. está
3. es, está
4. Hay
5. es
6. hay
7. está
8. es, está

15-28
1. b
2. e
3. c
4. d
5. e
6. d
7. a

15-29   *Answers will vary.*

15-30   *Answers will vary.*

15-31   *Answers will vary.*

15-32
1. c
2. a
3. b
4. c
5. b
6. b

15-33   *Answers will vary.*

15-34   *Answers will vary.*

16 gente innovadora

16-01
1. cartón
2. patentar
3. enlace
4. madera
5. vacuna
6. móvil

16-02
1. antonyms
2. antonyms
3. antonyms
4. synonyms
5. antonyms
6. synonyms
7. antonyms

16-03
1. d
2. b
3. a
4. d
5. c

16-04
1. madera
2. enchufe
3. inalámbrico
4. importado

16-05
1. inventar
2. avisar
3. descubrir
4. enchufar

16-06
1. complicado
2. importado
3. roto
4. digitalizado

16-07
1. archivo
2. fotocopiadora / fotocopia
3. impresora
4. memoria

16-08
1. computadoras
2. disco compacto / CD
3. cámara / cámara digital
4. teléfono celular / teléfono móvil / teléfono
5. teclado

16-09 *Selected items:* ratón, navegador, archivo, teclado

16-10 *Answers will vary.*

16-11 *Answers will vary.*

16-12 *Answers will vary.*

16-13 *Answers will vary.*

16-14 *Answers will vary. Suggested answers:*

1. ¿Cómo se abre esta caja?
2. ¿Con qué escribo las respuestas?
3. ¿Cómo debo sujetar esta cesta?
4. ¿Cómo se prende esta máquina?
5. ¿De qué lado duermes?
6. ¿Dónde tienes el pañuelo?
7. ¿Cómo funciona este coche?

16-15 *Answers may vary. Suggested answers:*

OBJETO 1: impresora
OBJETO 2: pulseras
OBJETO 3: coche eléctrico

16-16 *Answers will vary.*

16-17
1. para
2. con
3. con
4. para
5. Para
6. para
7. con
8. con

16-18 *Answers will vary.*

16-19
1. se prepara
2. se vacían
3. se atan
4. se tratan
5. se separan
6. Se introducen
7. se elige
8. Se añade
9. Se pulsa
10. se selecciona
11. se espera

16–20 *Answers will vary.*

16–21 *Answers will vary.*

16–22
1. b
2. b
3. b
4. a
5. a
6. a
7. b
8. a
9. a

16–23
1. b
2. a
3. b
4. b

16–24 *Answers will vary.*

16–25 *Answers will vary.*

16–26
1. pueda
2. vaya
3. sean
4. sepan
5. puedan
6. vengan
7. tenga
8. sea

16–27
1. tiene, tenga
2. sean, haga
3. pagan, cueste
4. hacen, vaya
5. es, sea
6. está, cause
7. viene, pueda
8. está, esté

16–28
1. puede, lea
2. sirve
3. quiera, está
4. pueda

16–29 *Answers may vary. Possible answer:*

En todas las frases **a** hablamos de alguien o algo conocido que existe, pero en las frases **b** describimos las características de alguien o algo no conocido que no sabemos si existe o no.

16–30
1. en el
2. con la
3. en los
4. con las

16–31 *Answers will vary.*

16–32 *Answers will vary.*

16–33 *Answers will vary.*

16–34
1. c, f
2. b, g
3. a, e
4. d

16–35 *Answers will vary.*

16–36
1. b
2. b
3. b
4. c
5. a
6. b
7. a
8. c

16–37 *Answers will vary.*

16–38
1. es decir
2. como
3. en particular
4. por ejemplo

17 gente que cuenta historias

17-01
1. personaje
2. protagonista
3. cómplice
4. pista
5. fugarse

17-02
1. synonyms
2. synonyms
3. synonyms

17-03
1. personaje
2. búsqueda
3. comisaría
4. secuestro
5. huella
6. testigo

17-04
1. investigar
2. secuestrar
3. sospechar
4. contar
5. interrogar
6. disfrazarse
7. fugarse

17-05   *Answers will vary.*

17-06
1. d   4. b
2. a   5. e
3. c   6. a

17-07   *Answers will vary.*

17-08   *Answers will vary.*

17-09
1. Era, parecía, estaba
2. hacía, estaba
3. se oía, dejaba
4. miraba, sonreía, decía
5. sabía
6. estaba, gustaba

17-10   *Answers will vary.*

17-11
1. fuimos
2. Estuvimos andando
3. habíamos hecho
4. estuvimos jugando
5. hacía
6. hizo
7. pasamos

17-12
1. habíamos salido
2. había jugado
3. habían visto
4. había vuelto
5. se habían dado
6. habías roto
7. había escrito
8. se habían reunido

17-13
1. habíamos ido
2. había firmado
3. habíamos vuelto
4. había estado
5. habían resuelto
6. había dicho
7. había visto
8. habíamos devuelto
9. habíamos puesto

17-14
1. b   5. a
2. a   6. c
3. a   7. c
4. d   8. b

17-15
1. había
2. habíamos
3. había
4. habían
5. habías
6. habían
7. había
8. había
9. habían
10. habíamos

17-16   *Answers will vary.*

17-17
1. había concertado
2. tomaron
3. estaba
4. salió / ha salido
5. estuvo
6. estuvieron hablando
7. se retiró / se fue
8. estaba
9. vio
10. estuvo viendo
11. regresó
12. necesitaba
13. estaba

17-18 *Answers may vary. Possible answers:*

1. apenas **había podido** comer. Sólo **había comido** un sándwich, de pie en la oficina. Por la tarde **había hablado** con Ricardo, un compañero, sobre un problema que tenemos en nuestro departamento. **Había sido** una conversación un poco desagradable…

2. **había levantado** demasiado tarde, y **me había vestido** a toda velocidad. **Había salido** de casa con prisas, nerviosa… **Me había llevado** el carro más pequeño para poder estacionarlo mejor. **Había llegado** a la estación con el tiempo justo para tomar el tren, pero entrando en el estacionamiento, pum…

3. **había comprado** un anillo precioso y carísimo, después le **había enviado** un ramo de flores a la casa. Por la tarde me **había vestido** muy bien, me había puesto la colonia que a ella le gusta y me **había ido** a la cita nerviosísimo.

17-19 *Answers may vary. Possible answers:*

1. El miércoles, a las doce y media, tuvo una reunión de trabajo con Alex. Aquella mañana había desayunado con la delegación japonesa. Luego por la tarde se fue a Relax para una sauna y un masaje.

2. El martes a las dos de la tarde fue la boda se su prima Elena. Esa mañana había volado a París y luego por la tarde tomó un vuelo de regreso a La Paz a las 7.

3. El lunes a las 11.20 de la mañana fue a jugar al golf con Arturo. Esa mañana había ido a visitar la fábrica nueva. Por la tarde asistió a una recepción en la embajada rusa.

17-20

1. a	5. b
2. b	6. a
3. a	7. a
4. b	

17-21
1. estaban
2. estuve
3. estuvo
4. estaba
5. estábamos
6. estuviste
7. estaba
8. estuvimos

17-22 *Answers will vary.*

17-23 *Answers will vary.*

17-24 *Answers will vary.*

17-25
1. fui
2. estuve un rato tomando / estuve tomando
3. me quedé, hice
4. estuve viendo
5. salí
6. estuve toda la tarde trabajando / estuve trabajando
7. fui

17-26
1. estuve lavando
2. empecé
3. llegó
4. vino
5. Estuvo hablando
6. se fue / se marchó
7. volvió
8. estuvo comiendo
9. se fue / se marchó
10. vi

17-27 *Answers may vary. Possible answers:*

1. No, no fue Jack Ruby **quien** mató a John F. Kennedy, **sino** Lee Harvey Oswald.
2. No, no fue en 1990 **cuando** se celebraron, **sino** en 1992.
3. No, no fue en Argentina **donde** murió, **sino** en Estados Unidos.
4. No, no fue en Londres **donde** empezaron su carrera, **sino** en Liverpool.

5. No, no fue en el siglo XVIII **cuando** vivió, **sino** en el XIX.
6. No, no fue El Greco **quien** pintó *Las Meninas*, **sino** Velázquez.
7. No, no fue en Estados Unidos **donde** nació, **sino** en Alemania.
8. No, no fue Julio Verne **quien** escribió *La isla del tesoro*, **sino** Robert Louis Stevenson.

17-28 *Answers may vary. Possible answers:*

1. Cristina Rico desapareció en un hotel en la Paz.
2. Cristina es íntima amiga de Laura Toledo.
3. Santiago Puértolas es novio de Cristina.
4. Enrique Ramírez es un mafioso.

17-29 *Answers will vary.*

17-30 *Answers will vary.*

17-31 *Answers will vary.*

17-32
1. a
2. c
3. b
4. c
5. d
6. b
7. b
8. c

17-33 *Answers will vary.*

17-34
1. b
2. b
3. a
4. c
5. b
6. a
7. b
8. a
9. b

18-01
1. taller
2. seguro
3. diseño
4. impuestos

18-02
1. antonyms
2. antonyms
3. synonyms
4. synonyms
5. antonyms

18-03
1. b
2. a
3. d
4. b

18-04
1. gubernamental
2. mejorar
3. impuestos
4. mercancía
5. editorial

18-05
1. el reparto
2. la oferta
3. la inversión / el inversor / la inversora / el inversionista / la inversionista
4. el comercio
5. el diseño

18-06 *Answers will vary.*

18-07
1. sale, saldré
2. dicen, diremos
3. hace, harán
4. tienen, tendrá
5. pones, pondré
6. pueden, podrán
7. sabemos, sabrás
8. vengo, vendrá
9. toma, tomarán

18-08 *Answers may vary. Possible answers:*

1. UN GIMNASIO

   Un médico especializado controlará todos sus ejercicios.

   Cada mes tendrá derecho a dos masajes gratuitos.

   Dispondrá siempre del asesoramiento de entrenadores especializados.

2. UNA TIENDA DE INFORMÁTICA

   Si aparecen nuevas versiones de sus programas se las regalaremos.

   Le informaremos de todas las novedades.

   Le ofreceremos siempre los precios especiales de cliente.

3. UNA GUARDERÍA INFANTIL

   Sus hijos estarán con profesores especialistas en educación preescolar.

   Tendrán actividades artísticas y musicales.

   Aprenderán un idioma extranjero.

18-09 *Answers may vary. Possible answers:*

1. No tiene tiempo de ir a comprar flores. Llamarán a Camelia.
2. Le duele algo. Llamarán a Ambulancias Esteban.
3. Tiene hambre pero no puede salir. Llamarán a Fast Pizza.
4. No funciona su estéreo. Llamarán a Reparaciones Mil.
5. No funciona el grifo. Llamarán a Pepe Gotera.

18-10 *Answers will vary.*

18-11
1. Cualquier taller
2. Cualquier asesor
3. Cualquier inmobiliaria
4. Cualquier computadora
5. Cualquier almacén
6. Cualquier electricista
7. Cualquier diseño
8. Cualquier empresa

18-12
1. Cualquier libro que desees.
2. Cualquier paraguas que encuentres.
3. Cualquier periódico que tengas.
4. Cualquier restaurante que conozcas.
5. Cualquier curso que sigas.
6. Cualquier documento que necesites.
7. Cualquier coche que escojas.
8. Cualquier película que prefieras.

18-13
1. cualquier
2. cualquiera
3. cualquier
4. cualquier
5. cualquiera
6. cualquier

18-14
1. Donde ustedes quieran.
2. Adonde ustedes deseen.
3. Todo lo que ustedes necesiten. / Lo que ustedes necesiten.
4. Cuando ustedes tengan hambre.
5. Como ustedes digan.
6. Todos los que ustedes quieran. / Los que ustedes quieran.
7. Donde ustedes prefieran.

18-15 *Answers may vary. Possible answers:*
1. La que tú quieras.
2. A la que tú quieras.
3. Al que tú quieras.
4. Con quien tú quieras.
5. Como tú quieras.
6. Lo que tú quieras.
7. El que tú quieras.

18-16
1. todo el pedido
2. todos los mensajes
3. todas las empresas
4. todo el comercio
5. todos los consumidores
6. toda la industria
7. toda la oferta
8. todos los descuentos
9. todas las hipotecas
10. toda la mercancía
11. todas las sucursales
12. todo el mercado

18-17
1. Sí, la oí toda.
2. Sí, la inspeccioné toda.
3. Sí, la leí toda.
4. Sí, las visité todas.
5. Sí, los abrí todos.
6. Sí, los almacené todos.
7. Sí, los pedí todos.
8. Sí, la examiné toda.

18-18 *Answers may vary. Possible answers:*
1. Sí, se los bebieron todos.
2. Sí, se los comieron todos.
3. Sí, se lo bebieron todo.
4. Sí, se la comieron toda.
5. Sí, se las comieron todas.
6. Las rompieron todas.
7. Se las llevaron todas.
8. Se los llevaron todos.

18-19 *Answers will vary.*

18-20
1. le
2. lo
3. las
4. le
5. se lo/lo
6. la
7. las
8. se la
9. las
10. los

18-21
1. a
2. b
3. a
4. b
5. a

18-22
1. Uno se levanta
2. Uno se ducha
3. Uno se viste
4. Uno baja
5. Uno desayuna
6. Uno se reúne
7. Uno pasa
8. Uno se acuesta

18-23
1. uno esté
2. puedes
3. se usa
4. uno puede
5. Puedes
6. se puede
7. uno puede

18-24
1. b
2. b
3. c
4. d
5. c
6. a
7. b
8. c

18-25 *Answers will vary.*

18-26 *Answers will vary.*

18-27
1. a
2. c
3. d
4. b
5. a
6. b
7. a
8. b

18-28 *Answers will vary.*

18-29 *Answers will vary.*

19-01
1. medioambiental
2. comercio justo
3. subsuelo
4. tierra

19-02
1. rico
2. marginado / desafortunado
3. guerra
4. pobreza
5. desigualdad
6. libertad

19-03
1. d
2. a
3. a
4. c
5. b

19-04
1. desempleo
2. rico
3. mestizo
4. sequía
5. subsuelo
6. botar

19-05
1. riqueza
2. pobreza
3. consumo
4. sequía
5. igualdad

19-06
1. f
2. a
3. b
4. d
5. c
6. c
7. d
8. a
9. b
10. f

19-07
1. a
2. c
3. b
4. a
5. a
6. a

19-08
1. sea
2. esté
3. respeten
4. provea
5. tenga
6. preocupe
7. hagan
8. baje

19-09 *Answers will vary.*

19-10 *Answers will vary.*

19-11 *Answers will vary.*

19-12 *Answers will vary.*

19-13
1. haga
2. siga
3. busquen
4. lleguen
5. haya
6. agraven
7. reaccione
8. se dedique

19-14
1. lleguemos
2. tengan
3. compre
4. salgas
5. sepa
6. diga
7. vaya
8. sospeche

19-15 *Answers will vary.*

19-16 *Answers will vary.*

19-17 *Answers will vary.*

19-18
1. entró
2. lleguen
3. ve
4. pedimos
5. consiguió
6. termine
7. vayas
8. tomó

19-19 *Answers will vary.*

19-20 *Answers will vary.*

19-21 *Answers will vary.*

19-22
1. Siguen ahorrando
2. Sigues contradiciendo
3. Sigo disfrutando
4. Siguen posponiendo
5. siguen mintiendo
6. sigo levantándome / me sigo levantando
7. siguen esforzándose / se siguen esforzando
8. seguimos interesándonos / nos seguimos interesando

19-23
1. no deja de molestar
2. no deja de interrumpir
3. no deja de llamarme / no me deja de llamar / no deja de llamar
4. no deja de hacer ruido
5. no deja de contradecir / no deja de contradecir a todo el mundo
6. no deja de mentir
7. no deja de inventar excusas / no deja de inventarlas / no las deja de inventar
8. no deja de pedirme dinero / no deja de pedírmelo

19-24
1. ya no cuidan
2. ya no tira
3. ya no agravan
4. ya no estudio
5. ya no viven
6. ya no se interesa
7. ya no compro
8. ya no busca

19-25 *Answers will vary.*

19-26
1. c
2. a
3. a
4. d
5. a
6. b
7. c
8. c

19-27 *Answers will vary.*

19-28 *Answers will vary.*

19-29
1. c
2. a
3. c
4. c
5. c
6. b
7. c
8. a

19-30 *Answers will vary.*

19-31
1. a
2. b
3. a
4. c

19-32
1. además / también
2. Además / También
3. incluso
4. En cuanto a
5. no obstante / sin embargo
6. No obstante / Sin embargo

19-33 *Answers will vary.*

20-01
1. sincero
2. harto
3. fuerza
4. abierto
5. dulce

20-02
1. synonyms
2. antonyms
3. synonyms
4. antonyms
5. antonyms
6. antonyms
7. synonyms
8. antonyms

20-03
1. b
2. a
3. b
4. d
5. a

20-04
1. perezoso
2. llevarse bien
3. anticuado
4. harto
5. dialogante

20-05
1. generoso/generosa
2. decepcionado/decepcionada
3. perezoso/perezosa
4. dulce
5. responsable

20-06
1. llevo
2. soporto
3. discutiendo
4. cae
5. entiendo / llevo
6. da
7. hace

20-07
1. esté
2. hagas
3. se pongan
4. se peleen
5. corran
6. invite
7. digas
8. tengan

20-08
1. a
2. a
3. b
4. a
5. b
6. a
7. a
8. b
9. c

20-09 *Answers will vary.*

20-10
1. a
2. b
3. b
4. a
5. b

20-11 *Answers will vary.*

20-12
1. Me pongo contento cuando el profesor alaba mi trabajo.
2. Me pongo triste cuando saco una mala nota. / Me pongo triste si saco una mala nota.
3. Me pongo nervioso cuando no me entienden. / Me pongo nervioso si no me entienden.
4. Me pongo de mal humor cuando hay tarea excesiva. / Me pongo de mal humor si hay tarea excesiva. / Me pongo de mal humor cuando tengo tarea excesiva. / Me pongo de mal humor si tengo tarea excesiva.
5. Me preocupo cuando tengo muchas faltas de ortografía. / Me preocupo si tengo muchas faltas de ortografía.
6. Me enfado cuando los estudiantes usan el celular en clase.

20-13
1. Me pone contenta cuando veo a los niños disfrazados.
2. Me ponen triste los disfraces de muertos.
3. Me pone nerviosa que la gente quiera asustarme.
4. Me ponen de mal humor los disfraces de mal gusto.
5. Me preocupa perderme en el tumulto de gente.
6. Me enfada cuando la gente grita en la calle.

20-14 *Answers will vary.*

20-15
1. Lo que tienes que hacer es + infinitivo
2. lo mejor es que + subjuntivo
3. te recomiendo + que + subjuntivo
4. Podrías + infinitivo
5. no te aconsejo + que + subjuntivo

20-16
1. Lorenzo se puso triste.
2. Mis padres se pusieron furiosos.
3. Elena se puso nerviosa.
4. Los niños se pusieron nerviosos.
5. La vecina se puso de mal humor.
6. Mi tío se puso enojado.
7. Nosotros nos pusimos alegres.
8. Mi abuela se puso pensativa.

20-17
1. El hijo se ha vuelto tímido.
2. Las hijas se han vuelto serias.
3. La hermana se ha vuelto extrovertida.
4. La esposa se ha vuelto reservada.
5. Yo me he vuelto más responsable.
6. Los hermanos se han vuelto muy generosos.
7. La madre se ha vuelto introvertida.
8. Nosotros nos hemos vuelto más flexibles.

20-18
1. se ha hecho
2. te has puesto
3. se ha puesto
4. me he puesto
5. se ha hecho
6. se ha vuelto
7. nos hemos hecho
8. se ha vuelto

20-19 *Answers may vary. Possible answers:*
1. contentísima
2. millonario
3. perezoso
4. mayor
5. muy nervioso
6. contentos
7. enfermo

20-20
1. c	6. a
2. c	7. b
3. c	8. c
4. b	9. b
5. a	10. a

20-21 *Answers will vary.*

20-22 *Order of answers will vary. Correct answers:*

de mal humor, contento/a, preocupado/a, harto/a, cansado/a

20-23
1. a	6. c
2. b	7. a
3. a	8. c
4. d	9. c
5. b	10. c

20-24
1. Juan	6. Juan
2. Ana	7. Alex
3. Francisco	8. Ana
4. Juan Víctor	9. Nicolás
5. Lucy/Luci	10. Norma

20-25 *Answers will vary.*

20-26
1. un poco	4. poco
2. un poco	5. Poco
3. poco	6. Un poco

20-27 *Answers will vary.*

20-28 *Answers will vary.*

20-29 *Answers will vary.*

20-30 *Answers will vary.*

20-31
1. c	5. a
2. b	6. d
3. b	7. a
4. b	8. a

20-32 *Answers will vary.*

20-33 *Answers will vary.*